THE SOLAR SYSTEM

LE SYSTÈME SOLAIRE

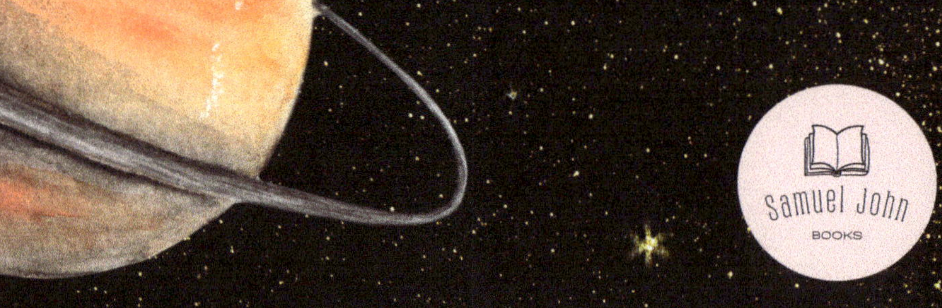

 contacto@samueljohnbooks.com

 www.facebook.com/bookssamueljohn/

FOLLOW ME

www.amazon.com/author/samueljohnbooks

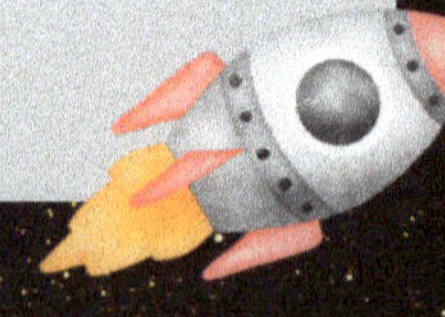

LET'S GET STARTED!
C'EST PARTI!

MERCURY
MERCURE

Mercury is the smallest planet in our solar system. It is also the closest planet to the Sun.

Mercure est la plus petite planète de notre système solaire. C'est aussi la planète la plus proche du Soleil.

VENUS
VÉNUS

Venus is the **second** closest planet to the Sun.

Vénus est la **deuxième** planète la plus proche du Soleil.

EARTH
LA TERRE

Earth is the planet we live on. It is the third from the Sun. Although it is called Earth, most of its surface is water.

La Terre est la planète sur laquelle nous vivons. Elle est troisième en distance du Soleil. Bien qu'elle s'appelle Terre, la majeure partie de sa surface est constituée d'eau.

It is written the same in English and French

C'est écrit de la même manière en anglais et en français

Mars is known as "the Red Planet" due to its color.

Mars est connue comme "la planète rouge" en raison de sa couleur.

JUPITER

It is written the same in English and French

C'est écrit de la même manière en anglais et en français

Jupiter is the largest planet in our solar system.

Jupiter est la plus grande planète de notre système solaire.

SATURN
SATURNE

Saturn is the second-largest planet in our solar system. It is not the only one with rings, but his are the most visible from our planet.

Saturne est la deuxième plus grande planète de notre système solaire. Elle n'est pas la seule à avoir des anneaux, mais ses anneaux sont les plus visibles depuis notre planète.

It is written the same in English and French

C'est écrit de la même manière en anglais et en français

Uranus was the first planet discovered with a telescope.

Uranus a été la première planète à être découverte avec un télescope.

It is written the same in English and French

C'est écrit de la même manière en anglais et en français

Neptune is the planet in our system that is farthest from the Sun.

Neptune est la planète de notre système qui est la plus éloignée du Soleil.

THE SUN
LE SOLEIL

The Sun is a **star**. It is located in the center of our solar system.

Le Soleil est une **étoile**. Elle est au centre de notre système solaire.

All the planets revolve around the Sun.

Toutes les planètes tournent autour du Soleil.

It takes the Earth one year to make a full revolution around the Sun. A total of 365 days.

Il faut un an à la Terre pour faire une révolution complète autour du Soleil. Cela représente un total de 365 jours.

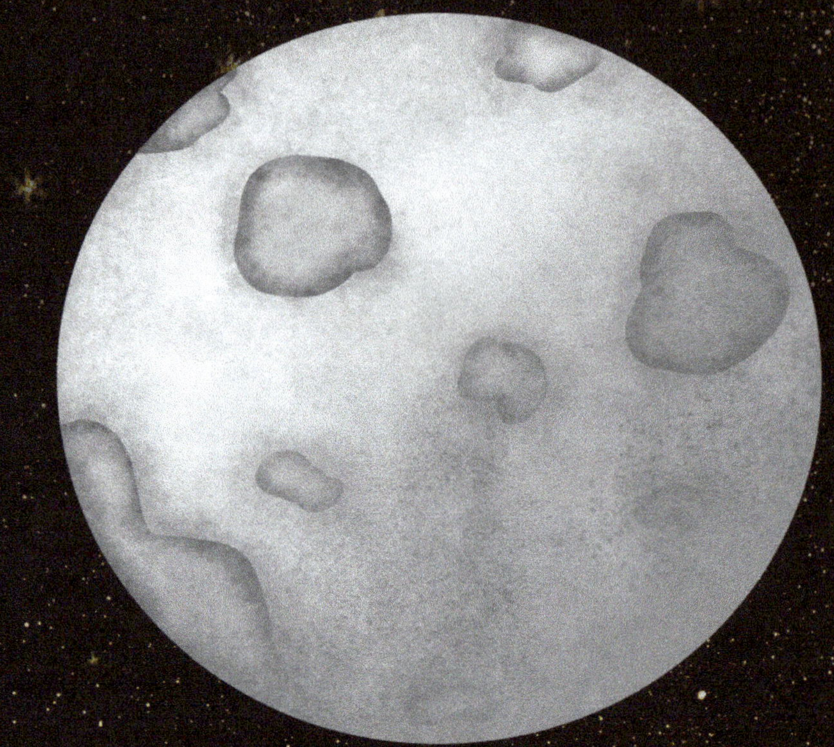

THE MOON

LA LUNE

The Moon is the satellite of the Earth. It revolves around our planet.

It has no light of its own. It shines due to the reflection of the sunlight.

La Lune est le satellite de la Terre. Il tourne autour de notre planète.

Il n'a pas de lumière propre. Il brille en réfléchissant la lumière du soleil.

Our journey ends here! I hope you liked it and learned new things.

I want to ask you a favor so that this book reaches more people, and that is that you rate it with a sincere opinion on the platform where you purchased it

With that small gesture, you will be helping me to carry on with new projects.

I can't wait to start creating my next book for you!

See you soon!

¡Notre voyage se termine ici ! J'espère qu'il vous a plu et que vous avez appris de nouvelles choses.

Je tiens à vous demander une petite faveur pour que ce livre puisse toucher un plus grand nombre de personnes : attribuez-lui un avis sincère sur la plateforme où vous l'avez acheté.

Avec ce petit geste, vous m'aiderez à réaliser de nouveaux projets.

J'ai hâte de commencer à créer mon prochain livre pour vous !

À bientôt !

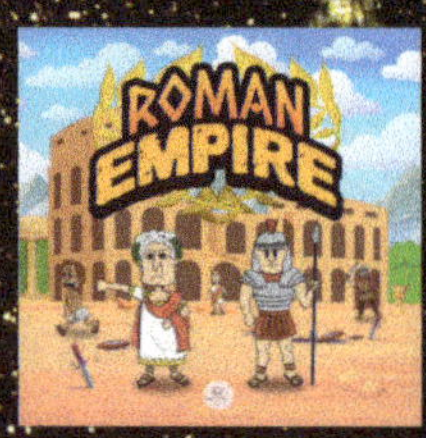

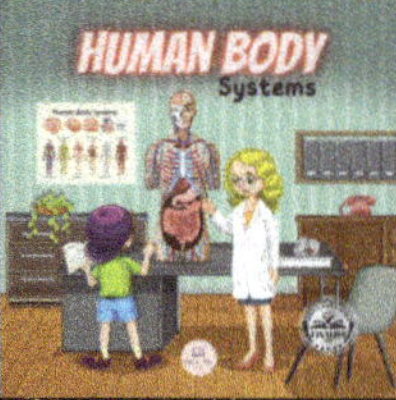

LEARN WITH OUR
EDUCATIONAL CHILDREN'S BOOKS

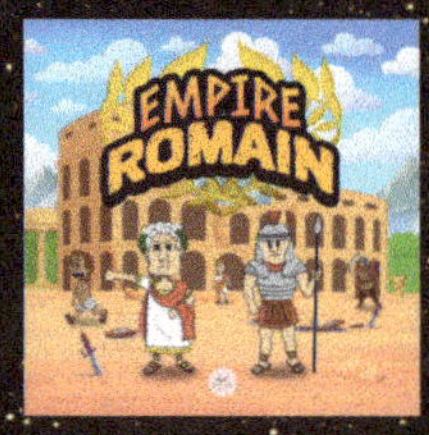

APPRENEZ AVEC NOS
LIVRES ÉDUCATIFS POUR ENFANTS